배꼽에 다시 탯줄 세우고

푸른시선 40

배꼽에
다시 탯줄 세우고

이복자 시집

푸른사상

책머리에

원고들을 뽑아
가슴에 꼭 껴안아 보았다.
야금야금 비좁은 가슴을 파고드는 것들,
울컥 눈물이 솟았다.

어쩌다 내 메모 봉투에 잡혀 들어
피눈물로 찢기고 붙여지고 닦이고 ……
목숨 걸 일도 아니건만
끈질기게, 지독히 못살게 굴어도 끝까지
나를 지켜준 것들,
사랑처럼 아픈 것들을 떠나보내는 마음이
기쁨만은 아니어서 그렇다.

시를 세상에 내놓는 것은 도전이다.
늘 그렇듯 선뜻 그 도전이 두려워
선배 문인에게 털어 놓았더니 나더러
한여름 푸른 잎 속의 붉은 '칸나' 같은 사람이란다.

용기를 얻고
높게 날거나 낮게 날거나
앉는 것은 자유인 새처럼 한 편, 한 편
손끝에 놓아 훌훌 날려 보내고 싶다.
평범한 새든, 특이한 새든
앉은 자리, 주춤 한 번 더 보고 싶은 새였으면 좋겠다.

2004년 3월 초
이 복 자

• 차례　　　　　　　배꼽에 다시 탯줄 세우고

책머리에 • 5

1부 삶

집터 … • 13
묘비명 … • 14
털 없는 원숭이 … • 15
옷 … • 16
2월 진달래 … • 18
의자, 그 자리 … • 19
가을밤에 핀 백장미 … • 20
봄바람 … • 21
검은 나비 … • 22
눈꽃 2 … • 24
장마 … • 25
칼 2 … • 26
경포 호수의 청둥오리 … • 28
어머니 3 … • 30
마음 문 … • 32
인생은 공사 중 … • 34
고목 … • 36

• 차례 배꼽에 다시 탯줄 세우고

2부 오늘

부부 … • 39
12월 12일, 오늘 … • 40
파스텔 톤의 만남 … • 41
오늘도 나를 비우지 못했다 … • 42
가을 몸살 … • 43
내 안의 집은 … • 44
그 숲이 그립다 … • 46
꿈꾸던 하얀 이밥 세상 … • 48
설 귀경길 … • 50
등산 … • 52
거울 앞에서 … • 54
존재의 이유 13 … • 56
존재의 이유 14 … • 58
산중 모기야 … • 59
입동立冬 … • 60
살다가 어느 날 … • 62
수렁, 우렁이가 그리운 날 … • 63

• 차례   배꼽에 다시 탯줄 세우고

3부 사랑

사랑 6 … • 67
사랑은 7 … • 68
사랑은 8 … • 69
사랑은 9 … • 70
겨울 바다, 사랑 이야기 … • 71
이별 예감 1 … • 73
이별 예감 2 … • 75
석류 … • 76
다리 … • 78
노을 … • 80
독감 … • 82
그랬겠지요. 그러나 … • 84
꿈 3 … • 86
바다는 사랑의 편지지 … • 88
시간 속으로 3 … • 90
시간 속으로 4 … • 91
시간 속으로 5 … • 92

• 차례　　　　배꼽에 다시 탯줄 세우고

4부　그곳에서

북北—진進！ … • 95
소금 … • 96
3월의 설악산은 나의 신랑 … • 98
꽃 축제, 강변의 밤 … • 100
4월의 금강 하구 … • 102
배꼽에 다시 탯줄 세우고 … • 104
석모도는 … • 106
채석강 … • 108
사랑의 늪 … • 110
한재 앞 바다는 오늘도 운다 … • 112
선유도 … • 114
일송정에서 … • 115
백두산 천지 … • 116
압록강에서 … • 118
시린 가슴 … • 120
장백 폭포 … • 122
카페에서 2 … • 124

● 해설 • 현실을 넘어 모태의 세계를 꿈꾸며 • 박명용 • 127

1부 삶

여름 한철
한바탕 불타는 사랑 후
  똘똘한 열매 맺어 놓고 모두 떠났는데
무슨 사연으로 늦게 피어나
가을밤을 새우는지

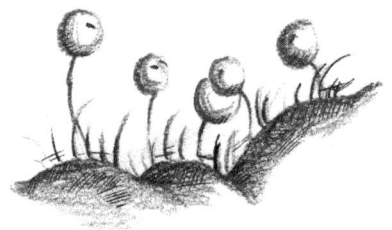

집터

병풍 산 아래
작은 계곡 흐르는 곳
방 두어 칸 이 집은
흐르는 물 먹고 산 사람이라
마음은 두고 몸만 도시로 갔겠다.
저기, 방문턱쯤 풀꽃
수수하게 그냥 웃는 것도
날마다 물소리로 마음 헹군 탓일 게야.
새소리 풀벌레 소리 여전히 잦아들고
풀꽃들 마냥 웃어 나비 날아드는 곳이라 해도
사람이 등 비비던 온돌 내려앉은 곳이라
이처럼 허전한 느낌일 게야.
늘 이곳에 마음 두고 사는
사람 냄새가 난다.

묘비명

뭇사람 가슴 속에 살다가
바람처럼 사라진 사람
그 혼 서린 자리에 돌꽃 피어나
발자취 그리며
행여 체온 남았을까 더듬는 자리,
묻혔던 불씨처럼
이름 석 자 깨어나 공중에 아롱지는
흐르는 세월의 강 언덕
물빛으로 반짝이는 영혼,
영원을 향해
검버섯 파르라니 빛나고
숨소리 그리워
입 닳도록 주절거려도 마르지 않는
사뭇 눈부시도록 아름다운 꽃.

털 없는 원숭이

새끼 잘 키우고
서로 먼지 털어주고
각자 먹고, 이도 잡아 주고
우두머리는 자기울타리 철저히 지키고
그리고 또 사랑하고
이 나무 저 나무 훌훌 날고
이거면 문제없겠건만

털 없는 원숭이는
오래 산들
몇 미터도 혼자 날 수 없고
싱그러운 정글이 그립다가도
이미 이지理智에 뇌 찌그러져
가 살라면, 악어 뱀 정도가 아니고
풀조차 무서워 엄두도 못 내고

고달파도 어려서부터
쉴 새 없이 앞지르기 연습하고, 나이 들면 더
반질반질하게 살면 문제없다 해도
어떤 날은 본능이 부러워 미칠 지경이다.

옷

새 날이 온다 한들
새 몸일 수 없고
새 옷으로 가린다 한들
못난 골격 감출 수 있을까만
옷장에 들어 있는 멀쩡한 옷들
입어 치우자면 늙어지고도 남을 텐데
한 해 지나면 입을 만한 것, 또 없다.
옷의 때는
질러 빨고 아니면 통 채 빨고
신통찮으면 버리면 된다.
마음 때는
고쳐먹어도 표백이 어려워
잘못 살아 고인 악취라도 있으면
고상한 옷 껴입고 향수 뿌려야 하리라.
입어댄 옷 몇 벌인지 계산도 못하면서
돈 세는 것은 펄 나는 사욕의 무덤, 몸
그곳에 마음 담그고 살아온 환자의 말기는
갓 태어나 발가벗은 요람의 아기 몹시 그리울 터.
썩은 인품을 포장하기 위해
품위 유지를 위해

오늘도 백화점으로 발걸음 옮기는 건 아닌지,
보잘것없는 마음 하나 다스리지 못해
아침마다 옷 고민에서 벗어나지 못한다.

2월 진달래

입춘 뒤 첫 비 오고
꽃바람 온다는 소문 닿자마자
봄숲 어귀에

꽃분홍 가슴 속
그 옛날 순이와 복돌이 이야기까지
울렁
설렁

기다리는 임
오기만 하면 사랑한다고
사랑한단 고 말 확, 눈에 던질 듯

연분緣分 아쉬운 이
속살 간지럽도록
봉긋봉긋, 새침데기 아양

저기, 두리두리
꽃사슴 눈망울에도
봄처녀 기다리는 맘 가득 고였다.

의자, 그 자리

존재의 유무에
저당잡힌 무리
한 목숨 채워지고
비워지는

그러나 비우는 자
그 자리에
존재의 근거 말소된다 해도
유명이든 무명이든

이름 혹은 육신
목숨 가는 날까지
저당잡고 겨냥하는
저울.

가을밤에 핀 백장미

여름 한철
한바탕 불타는 사랑 후
똘똘한 열매 맺어 놓고 모두 떠났는데
무슨 사연으로 늦게 피어나
가을밤을 새우는지

바람 스치는 곳
하얀 치맛자락으로 나선 걸음
해가 짧아져 시린 가슴 되었는가
온전한 사랑은 체념한 듯
초라해서는

숨겨진 사랑앓이
견뎌내기 지친 듯
울음, 소리 없이 달빛에 쏟아낸다.
그리움에 기댄 어깨 무너지는 듯
달 그림자 하얗게, 하얗게 흔들린다.

봄바람

진달래 붉은
산을 오르는데

지지배 지지배
지지배 지지배
지지배야

새 한 마리
끝없이 불러댄다

후끈 바람 달라붙어
콩닥거리는 가슴

검은 나비

허물을 벗을 때 날개를 살폈다
까맣게 마르는 순간
돌연변이도 아닌 특종일 줄이야!
하얀 배꽃이 그립고, 무작정 떠났다
라일락 꽃담도 훌쩍 넘었다
철쭉꽃 숲을 지나 모란꽃 숲에 접어들어
짙은 향기를 깊숙이 들이마셨다
어느 영화에서, 공격한 파충류의 피가 번지듯
실핏줄 타고 도는 냄새, 꼭 링겔 같은 효과에
아리따운 꽃술을 파야할 운명임을 알았다
쓰러질 뻔했다
꽃도 없는 장미밭을 뛰어넘다 날개살 찢긴 것도
삶의 한 몫이라 여기고 쓰라림도 날렸다
그리고는 모과꽃에 앉아 다시 그리움을 붙들었다
여기 머무르면 신랑감 올 거라 일러주던
수수한 아가씨, 분홍 모과꽃도 나처럼 안 됐다
하늘 우러러 운명, 체념, 푸념⋯⋯
뿌연 앞길을 향해 몇 번 꾹꾹 눌러 눈을 떴다
배밭이 보이고, 퍽 많은 눈물을 쏟았다
그리움의 끝, 저기에는 누군가 검은 날개를 하고

기다리고 있을 것 같은 기대에 눈이 밝았다
모과나무 위로 몸을 날렸다
배꽃을 향하여 ……

  ― 안동 烏川리 광산김씨 유택에서 검은 나비를 보고

눈꽃 2

눈이 내린다.
저 하얀 소동騷動!

마주한 임
그 숨결에 온몸 달듯

빨간 사랑 하나
가슴 깊이 침잠한다.

한바탕 소용돌이 지난 후
자욱한 그리움

한 가슴 다 채우고
꽃으로, 꽃으로 피어난다.

함박눈은 자꾸 내리고
분주하게 피어나는 사랑 꽃.

장마

어릴 때 어머니가 절에 이름 걸어 두었건만
지금 하나님을 믿고 있고

결혼할 것처럼 생각했던 사람 있었건만
지금 다른 사람과 살고 있고

한 3년 다니다 결혼하면 그만둘 줄 알았던 직장
지금까지 붙들고 있었던 건 잘 한 일이고

어릴 때 글재주는 그때로 끝일 수 있으련만
지금까지 붙잡혀 머리 빨리 세고

이런 굵직한 것들 쏟아져 내려
둑 안 터지고 흐르면 좋으련만

콸콸 흘러가는 물줄기가 너무 빨라
둑쌓기 힘든 삶, 죽지가 찌뿌드드하다.

칼 2

어렸을 적 사랑방에
반질반질한 손님이 오고 아버지 가슴에
칼 지르는 소리 들렸다

그 후 어떡하든 너희들 가르칠 테니
열심히 공부나 하라던 아버지의 칼 가는 소리
숨소리조차 죽이고 들어야 했다

한창 나이에
사업 다 정리하시고 농사꾼이 되어
땅 팔 때마다 칼 가는 소리
세월 지나자 먹은 마음도 없는 소리
'날 사기친 놈은 후대까지 못 가지……
절대 못 가지.'

당신 일군 것 다 뺏기고
자식에게 공들이면 다 찾을 거라고
반평생을 흙에 칼날 세우던
그 정성에 자식들 성장하고

여든 다섯, 그 해 가시던 날
아버지 가슴에서 칼 뽑는데
좁은 가슴 어디에 다 고였던지
동여도 동여도 찢긴 자국 아물지 않고
솟는 한 받아낼 흰 천이 부족했다

경포 호수의 청둥오리

1
사랑이 출렁이면
깊은 물도 일 없다고
눈여겨 살펴보니
한 겨울도 따뜻한 걸
쌍쌍이
피우는 사랑
호수 가득 넘친다.

2
그냥저냥 물결 타는
짐승인 줄 알았더니
갖춘 마음 콩알만한
용기 없는 사람일랑
도사려
살아온 생을
수장水葬하라 명한다.

3
혈통이 거룩한
철새의 부족部族이라

인간사 볼 것 없어
물갈퀴로 등 돌리며
평화로
떠 있는 무리
물결 위에 고고孤高하다.

어머니 3

가르마 타고 쪽 찌는
온몸 따라 올라가는 팔이건만
비녀 머리가 좋다는 아들 말에
편하게 머리 자르라는 딸 말은 귀 닫고
참빗 사오기를 고집하는
비녀 어머니

명절 꼭두새벽 비녀 꽂고
며느리 부침개 서둘러 하라 하고,
전화 잘 들으시라고 귀지 파고
손톱 잘라 드린 막내딸 마음에 찬물처럼
빨리 안 가고 친정에서 꾸물거린다고 여전히 나무라시며
검불 같은 몸으로 사랑 토해내는
21세기 조선의 어머니

날마다 목욕시켜
머리 곱게 빗어 드리고
좋아하는 하얀 스웨터와 회색 치마
곱게 입혀 드렸으면 좋겠는데
명절에도 딸이라고 내치시는 어머니를
보내고 나면 어찌할까 미리 울어

고이 가슴에 담아보는
여든여덟 우리 어머니

마음 문

내 가슴은 까마득한 늪
헤집고 다니다 보면
걸리고 넘어지고 다치고 ……

늪은 스스로 정화하여
생태계 온전히 보존할 줄 알거늘,
수초의 뿌리 무성하면
푸른 줄기 사이로 곤충, 새, 물고기들
제 둥지 좋아 이리저리 맴도는
그 하늘엔 희망 가득한데

내 늪에도
야트막한 언덕 어디, 빛 가운데로
영혼의 짐 부릴 한 줄기 길 트이면
마음 문 활짝, 한 걸음 내달아 아롱진 빛을
가슴으로 끌어안고 무릎 꿇어
기쁨으로 무너지고 싶은데

흥건히 삶 고인 가슴
바람 불고 물결 일 때면

내 연륜年輪의 뿌리 물 흐릴까
문지방 낮추고 낮은 곳으로
욕심 다 버리리라, 골백번 맹세하고도
날마다 부족하여 하늘은 멀고
캄캄한 곳, 닫혀 있는 자리
기도, 늘 그 뒤편이다

인생은 공사 중

목사님이
'인생은 공사 중'이란다.

내가 사는 곳
공사장은 널브러지고 복잡하고 위험했어도
길도 집도 아담하게 꾸며서
들어와 불 밝히고 살 만큼 행복한데

어제도 수다 떨기를
직장 있음이 행복이라 했는데
그것이 공사 중 아름다운 모습이었는지
가르치는 아이들에게
입바른 소리로 상처 주지 않았는지
위엄을 앞세운 겸손은 아니었는지

더군다나 믿음은 마음의 꽃이라 했는데
'영혼의 집'을 향한 길 어떻게 닦고 있는지
과연 구원의 문은 활짝 열릴 것인지
들어가 꽃등 달고 살 수 있을지

말씀을 안고 돌아오는 길에
오십 년 인생을 감사할 일이로되
오늘 끝날지도 모를 남은 공사는 어떻게 해야
영혼의 집 아름답게 꾸밀지

부끄러운 삶 아니어서
마음 꽃 아름다운 사람이라
한 번이라도 칭찬받을 수 있을지 두려워
미완성이면서도 행복에 겨운
내 집 문 앞에서 서성거린 날이다.

고목

이름 잃은 머슴 같이
여름이고 겨울이고

세상 풍파 눈귀 막고
흔들려도 곧게 서서

겸손을
발아래 디딘
나이 값이 사뭇 높다.

가는 사람 오는 사람
탓할 일도 전혀 없이

인고忍苦의 세월만큼
미덕 또한 뿌리 깊어

잊은 듯
헤아려 보면
아하, 거기 그 나무.

2부 오늘

소박한 종이배 꿈으로
가다가 멈추는 곳, 그곳은 아름다우리라
그림 같은 집을 짓고
텃밭 일구듯 알콩달콩 살면 된다고 믿을 땐
좋았는데, 좋은 세상 살다가
밥배 꽉 차고 보니
못 마땅한 것들 죄다 튀밥처럼
툭툭 불거져 발에 채이고

부부

남편이 내 허벅지의 사마귀 점을 자꾸 만진다
왜 만지냐고 물으면 재미있단다

12월 12일, 오늘

나무숲이 휑하니 비었다.
내게 매달려 있던 1년치 실천사항들
다 떨어져 오들오들 떤다.
바스러질 정도로 마른 것들, 낯설고
언제 적 내 것인지 가물가물하다.
남은 다짐도 몇 개
배반이 두려운지 바삐 달아난다.
붙잡지도 못하는 오늘, 12월 12일
이즘이면 해마다
남은 날 헤아리다 들키는 무능력
싸늘하게 찔리는 침, 가슴 따갑다.
떨군 자리, 새 실천사항 올려놓기 두려운
변변치 못한 중년의 연말.

파스텔 톤의 만남

시작부터 은근한 파스텔 톤이다
담백한 두부 맛, 시인들이 만나 두부를 먹는다
목련 가지 사이 노란 외등, 달로 뜨고
먼 산 구름에 분홍 노을 얹히는
마당 풍경화, 죽여주는 이 사람들 색이다
두부전골 푸욱 푹 익어가고
역시 기차도 파스텔 톤으로 지나가고 오고
겉과 속 두부 같은 사람들, 이미 꽃분홍이다
파스텔 톤으로 얼큰하게 익은 두부에
제각기 가져온 술, 살처럼 따뜻한
국화주, 솔주, 양주, 와인, 복분자 술, 소주를 마신다
찬란한 술 색만큼이나
익은 시어詩語들 내뱉느라 취할 새 없다
글이 피는 샘, 마르지 않는 마음들은
어둠 내려앉아도 홀딱 벗은 빛, 순수의 색이다
글이 좋아 만남이 좋고
만남이 좋아 더 글이 소중한
어지러운 세상 중에 모난 데라곤 없는
속이 깊은 파스텔 톤 사람들 자리
파르스름한 밤 풍경, 글 핀 샘 속으로
기차소리 여전히 지나가고 또 들어온다

오늘도 나를 비우지 못했다

나는 속이 좁다
나이 오십이 됐어도
자존심 건드리면 기분 나쁘다
슬쩍 넘길 법도 한데 마음이 아프다
원색이 어울리는 나이가 됐음일까
보이지도 않는 내 발자취를 자꾸 말하고 싶다
그때가 아니라거나 세대차라는 말을 들으면 슬프다
열심히 뛰었던 시절이 그립다
좁은 속 어딘가의 젊은 시절이 참 그립다

가을 몸살

어릴 때 오르던 산
아버지 산소에 오면 애인을 만난다.
사랑에 눈뜨던 소녀의 마음을
푸른 가슴으로 싱싱하게 끌어안던 바다는
자기를 닮지 않은 자에겐 마음 주지 말라 했다.
그 당부 명심하여 살았는데
그건 아니고 여전히 그리운 건 바다였기에
오늘, 마타리꽃 한 송이 들고 한없이 바라본다.
그리워 찾은 바다,
여전히 출렁이는 숨결로
아버지 산소 앞에 늘 있어주는 것이 고맙다.
일상이 서러운 때는
그 이상의 고백도 받아주는 첫사랑 바다여!
바다는 한바탕 바람 불면
그가 가장 먼저 몸살이라 했던가.
끓는, 넓고 푸른 가슴에
여린 가슴 내밀어 뜨거워지고 싶은 날
마타리꽃으로 사랑은 멀리, 아름답게 바라보는 것으로
허전하고 쓸쓸한 가을
물이 고운 산자락에서 순정을 바친다.
닮지 않은 자에게 절대 마음 주지 말라던 그 날처럼

내 안의 집은
— 마음의 벽

튼튼하기 위해
벽을 쌓고 살아야 한대도
요란하지 않게
앞면 트고

안은 수수하여
신선한 바람 들어가
사람냄새 물고 나오도록
넉넉한 틈을 내고

궁금한 사람
들여다볼 수 있도록
뒷벽에도 작은 유리창 내고

깔끔하거나
너저분하거나
감추는 것보다 내보이는 것이
드나드는 사람들 마음 편하거든
문지방 낮추고
진솔하게 가꾸어
있는 듯 벽이 없는

따뜻한 기둥 그리워 발길 잦은,
그런 집이었으면……

그 숲이 그립다

급하면 몸 가려 주고
때론 놀이터로
외딴 여우골은 머루 다래 숲이었는데

사라지거나 변해 버린 그 숲이
이토록 가슴에 살아
푸른 유년을 간직하게 할 줄 알았더라면

폭 익어 풍기는
풀냄새, 흙냄새 사이를
헤매다 돌아와도 다음 날 또 가던,
없는 듯 있어 헤치던 숲길이
이토록 살면서 그리울 줄 알았더라면

금덩이라도 묻어두어
반드시 그 숲 다시 찾아가게 해 두었더라면
산도라지 있던 그쯤, 원추리 있던 그쯤
풀냄새 물씬 일어나 산딸기 있는 곳 안내하는
어디쯤에

싱싱한 그 가슴 언저리에
사람의 숲에 채이고 걸려 지친 육신 놓아
영혼이라도 나비 날 듯
유년처럼 자유로울 수 있는 숲,
그 숲이 그립다.

꿈꾸던 하얀 이밥 세상

숟가락 "딸그락, 딸그락"
빈 도시락 치는 소리 점점 크고
고개 넘고도 산모롱이 돌고 도는 귀갓길은
왜 그리 멀던지 배는 고파 오고,
길가 무밭 푸른데
서리 안 맞은 무 먹으면 황달 온다는
어른들 말씀 자꾸 생각나 뽑지도 못하고,
집에 들어서면 솥 열어 남은 밥 없나
삶은 감자 없나, 없으면 그만이고,
배곯지 않는 집이라 해도
절미운동 한창 벌이던 시절의 배는
하얀 이 밥이 그리워 허기졌는데,
소 풀 먹이는 일이 몫인지라
소가 잘 되는 집 부자 된다는 어른들 말에
비싼 수송아지 낳아주길 바라 하루에도 몇 번
불러 오는 암소 배 보며 내 배 채웠는데,
밥 먹고 살면 되고
소처럼 착하고 부지런히 살면 된다던
참된 진리 믿고 도시에 와 살다가
그리던, 그렇게 꿈꾸던 하얀 이 밥 세상을 향한

그 인내는 배곯기 딱이라는 것을
순하고 착하기만 해서는 거지되기 딱이라는 것을
깨달을 즈음 내가 남의 밥이 되는 것도 깨달았다.
좀 독했어야 했는데, 꿈꾸던 이 밥 세상은 어긋나고
옳은 밥줄도 버티기 힘들어 숨찬다.
내가 풀 먹여 키운, 밥배 채워주던
배고픔 잘 참는 착한 어린이라고 기쁨 주던
일 년에 송아지 한 마리씩 쑥쑥 낳아주던
순한 눈, 소가 그저 그립다.

설 귀경길

대관령의 나무들이
바람을 등지고 선 것이 새삼스럽다

필시 서울 쪽에서 내리치는 바람
한 푼 안 쓰고
평생 봉급으로도 못 살
2억짜리 아파트가 몇 달 새 4억이 되고
나라 지키기 싫어 미꾸라지가 된 유승준
미국으로 빠져나가 썰렁한
통바람이 싫은가 보다

열심히 살아
오늘따라 피울음 같이 느껴지는 노을에
인생무상은 어쩌면
저렇게 편안히 누운 채 가라앉을 수 있는지
나무 등 휘는가 싶더니
휜 나무 등 타고 현란하게 내려와
결국 내 팔을 베고 눕는다

쉐터와 치마 한 벌

5만 원으로 피어나던 어머니 함박웃음
'서울은 공기가 나빠 안 갈란다'
가슴 아파도 그 말 듣기 참 좋던데

돌아오는 길
눈송이는 차창에 착착 달라붙고
군에 간 아들 따뜻한 손이 몹시 그립다

등산

유년에 살던 산촌
길도 없는 험한 산은
미끄럼틀 오르내리듯 뛰어넘고
다음 날 아침에 눈뜨면
또 가고 싶은 놀이터였는데

길도 잘 단장된 산을
쉰 살이나 먹고 오르면
구렁이 담 넘듯 해야 옳은데
산 냄새 차 오를수록 노쇠라는 걸림돌에
멍도 없는 근육타박상 심각하다.

속내까지 골병드는
한 사흘 하반신 무지막지한 고통
그러나 느끼는 희열은 짜릿하여
매 맞고도 살아가는 기구한 인연 같은 것
샛길도 있건만 굳이 정상 향하는 길로

산 너머에는
죽음 저 발 아래로 보이지 않을까

죽음의 다리 가까이 있다 해도
단숨에 건널 수 있기를 바라
땀 뻘뻘 순종하며

삶이라는 직분 가슴에 차고
턱에 차는 숨으로 몸 들어 올리며
헉헉, 건강이라도 축적해 두면
유년에 죽음을 모르고 겁 없이 뛰어넘던,
돌아오면 아직 산일 뿐인 산이길 바라
등산登山한다.

거울 앞에서

나는 둘이다
얼굴 코 입 다 같은데
거울 속의 나는 늘 낯설다
그 똑같이 생긴 나를 알고부터
알아듣지도 못하는 나를 잡고
매일 싸운다
흠 하나 없는 나이길 원하는데
쟤는 흠 투성이다
갸름하고 날씬하길 원하는데
쟤는 볼품도 없다
감추고 꾸미고 덧칠하고
벗기고 입히고 ……
목숨 걸고 싸운다
거울 속의 쟤 때문에 나는
꽃부로찌 달면 될까
내가 꿈꾸던 고상함이 꽃으로 피어나
옷섶에서라도 향기 풍길까
머리부터 발끝까지 치장을 한다
그 마음 알아줄 리 없는 늘 낯선 나에게
백 퍼센트의 패배를 알면서도 나는

뒤꿈치 들고 처진 엉덩이 바싹 세워
또 싸움을 건다
재가 잘 보이도록 싹싹 닦은 후에

존재의 이유 13
― 집으로

출장이다.
곧장 닿아야 할 집을
돌아가는 날이다.
일상의 틀을 벗어난 흥분들로
머리가 떠들썩한 날이다.
참으로 묘한 것은
설렘의 자유를 만끽한다는 것이다.
가정과 직장, 바쁜 일상의 구속에서
열리는 자유, 오늘 같은 날은
늦은 귀가가 무척 통쾌하다.
충분히 생각하며 돌아가는
늦가을 캄캄한 밤길이
기막히게 마음에 드는데, 비가 내리고
차도 막히고
그 사이에 남편에게 전화를 걸고
좋아하는 사람으로부터 전화를 받고
불빛 사이로 찾아 드는 그리운 사람, 사람.
후둑대는 낙엽들 사이로 일어나는 욕망,
살맛 나는 날이다.
갇혔었기로 얻는 이 즐거움

구속의 자유처럼 아름다운 것도 없다.
은밀한 것 모두 더불어
아직 남은 사랑 있을 듯 키득키득 웃으며
구속의 자유, 출장을 마치고 되짚어 간다,
집으로.

존재의 이유 14
― 사랑

출근 시간 기다려 내 목소리 듣고
마음 포근하게 덮어 안고 지내다
해지면 안녕을 고한 후
내 글과 마주하고, 사진 얼굴 본 후에야
일과를 끝낸다고 했지요?

나 또한
출근하면 목소리 담고
사랑으로 당신을 감싸 마음에 넣고 지내다
저녁 전화를 받고, 편지를 쓰고
나보다 큰 당신의 사랑이 힘겨워
뒤척이다 잠이 듭니다.

당신의 삶에 내가 있으므로
나의 존재가 빛이라고 했지요?
내 삶 속에도 이미 당신 있으므로
내 사랑입니다.

하루 종일,
하루 종일 하나 되는 사랑

산중 모기야

착한 사람 많이 산다는 산중인데
산중에는 군대의 충성도 하늘을 찌르는데
세상을 애써 외면하는 여린 그 살을
왜 찔러 가렵게 하냐?

앵 앵 듣기 싫은 소리는
고요한 산중이 더 크거늘
심기 불편하게 하지 마라
신성한 피 흐르는 손바닥은
너 잡는데 힘쓸 일이 절대 아니야

구린 세상 모르거든
침은 함부로 쓰지 마라
단 번에 쳐서 죽어 주면 좋으련만
독하게 찔린 다음 퍼붓는 저주는
긁을수록 부풀어 산이 되거늘

어차피 피비린내 그리는 족속이거든
돈 많고 세금 안 낸 사람이거나
군 기피한 사람이거나
강심장 통과하는 피, 그 피가
네 입에 딱 맞는 달콤한 피일 것이니……

입동(立冬)

나무들
비, 바람에 몸 맡긴 채
벗겨질수록 숙연肅然하게
눈 들어 하늘 향하고 옷 벗는다

첫 겨울날
기도의 끝자락에
열매 달고 곧게 선 자체로
이미 신에 가까운 것을
차가운 이 날을 기다려 처절하게
긴 인내를 자초하는 고행은
또 무슨 의미인가

꽃, 잎 피우고 열매 맺고
날마다 새 노래도 들어 왔건만
무엇이 그리 부족한가, 흐르는 눈물, 눈물
흥건히 고여 벗은 잎 다 적시고도 눈물겨운 땅 위
쓸쓸함만 휘돌아 슬픈 공간에는
줄기마다 번뇌 오똑오똑 솟는다

날카로운 겨울바람에 살을 에어 봐야
눈보라의 호통에 정신도 아뜩 잃어 봐야
번뇌의 자리마다 꽃눈 예비함일 터

겨울비 속에 온몸 내맡겨 치르는
나무의 거룩한 의식을 보며
꽃 지우고 스러진 칸나 줄기 베고
탐스럽고 토실토실한 뿌리 캐어
봄에나 나올 인내를 한 자루 밀봉하여
결실을 소중히 보관하는 날이다

살다가 어느 날
— 행복

소박한 종이배 꿈으로
가다가 멈추는 곳, 그곳은 아름다우리라
그림 같은 집을 짓고
텃밭 일구듯 알콩달콩 살면 된다고 믿을 땐
좋았는데, 좋은 세상 살다가
밥배 꽉 차고 보니
못 마땅한 것들 죄다 튀밥처럼
툭툭 불거져 발에 채이고
애꿎은 그릇 설거지통에 처박아도 억울해
닦은 접시 똑바로 '안 서면 죽일 듯
칼날 세우는 일상이
몹시 곤했는데, 곤한 세상 살다가
시신으로 누운 풀벌레
우렁찬 울음소리 풀밭에 남겨놓고
기꺼이 개미의 먹이가 되는 겸허에
눈이 끌린다.
흰 머리 뽑는 일도 지칠 즈음에 ……

수렁, 우렁이가 그리운 날

수렁배미는 우렁이 많아
논바닥에 눕혀 놓은 말뚝 살살 타고 들어가 줍다가
한 번 빠지면 헤어 나오기 힘들었어도
우렁이 한 종지 20원은
어린 날 용돈 구실 톡톡히 했는데,
어른이 되어 좋은 세상 사는데
말뚝 같은 위험 표시도 없는 수렁
가려 딛어도 빠질 것 같아 발길 곤하고
늘 뒤처져 헐떡이는데,
산골 소녀 수렁 무릅쓰고 잡던
우렁이도 없는 세상 요란하게 울리는 전화
부동산 투자, 느끼한 음성, 폰팅……
어쩌다 한가한 날의 기분, 피곤하다.

3부 사랑

미우나 고우나
잊혀지거나 남아 있거나
숱한 사연 곰삭은 가슴, 인연의 밭에
무시로 피어나는
꽃.

사랑 6

아침마다 화단을 둘러본다
마주하는 칸나의 마음이 싱싱하면
하루 종일 칸나처럼 웃는다

오늘은 비가 온다
흠뻑 젖어 좋으려니…… 그러나
자꾸 마음이 쓰여 창문으로 나선다

사랑은 7

매일 전화를 받습니다.
다정한 말을 듣습니다.
따뜻하게, 점잖게, 똑같은
익숙하게 나를 챙기는 사람의 음성을
이젠 들어야 마음이 놓입니다.
차마 화내거나 거부할 수 없습니다.
때론 그런 일상이 슬프기까지 합니다.
가끔은 내가 먼저 하기도 하지만
결재처럼 매일 전화를 받습니다.
길지도, 그렇다고 특별하지도 않은
그러나 이름 석 자 가슴에 새기는
전화를 매일 받습니다.

사랑은 8

혼자 있는 날은
당신 마음 어디 있을까 생각합니다.
내 안에 있다고 늘 믿다가도
허전함이 일면 얼른 찾아 나섭니다.

찾으면 항상 오는 당신이기에
돌부리에 걸리지 않을까
바람에 날지 않을까
오늘같이 추운 날은 얼어붙지 않을까

일어나
버티고
내 손 이끌어 입맞춤으로
따뜻한 미소와 더불어
지금 곧 도착할 듯 그렇게 기다립니다.

사랑은 9

몸은 따로인데
마음이 하나라고 느껴질 때가 많고

다투다가도
헤어지는 것이 섬뜩 두렵고

무디게 살다가도
힘들 때면 그 이름 먼저 떠오르고

몸이 아파오면
그래도 그 가슴에 안겨야 편하고

미우나 고우나
잊혀지거나 남아 있거나
숱한 사연 곰삭은 가슴, 인연의 밭에
무시로 피어나는
꽃.

겨울 바다, 사랑 이야기

미운 사랑 하나
영영 죽어버리라고
지푸라기 하나 없이 멀리멀리
밀어 넣고 돌아섰더니

겨울바다만 오면
저기 수평선, 그리움의 언덕에
목숨 질긴 사랑 버젓이 살아
누가 거둬 키우는지 통통 살진 모습으로
미운 짓 더 하고 있다

했던 말들
그 많은 밀어들 잊지 않고 둘둘
하얗게 하얗게 두루마리로 가져와
간신히 기댄 과거의 기둥
흔들흔들 밀쳐댄다

아파도 또 온다
흔들리는 배에 마음을 싣고
갈매기처럼 목 울음 울며
차마 세상에 내놓을 수 없는

피 같이 고운 사랑
그 사랑 이야기 길게 길게
바다에 써 본 사람은

이별 예감 1

사랑하는 사람에게
안 좋은 일이 생겼단다
가슴 아프다

연락이 뜸한 건
얽힌 일 때문이라고 하는데
가슴 아파서

혹 사랑이 부담스럽나
내가 떠나야 하나 헤아리자니
가슴 아파서

외면해 보리라
다짐하건만 누른 전화에서
엉뚱하게도 그대 목소리 들리니
가슴 아파서
가슴 아파서

돌아보면
멀고도 긴, 아득한 그리움의 숲

헤치기 참 따갑고 쓰라렸건만
그것이 시리도록 아름답기만 해
가슴 아프고

그대 전화번호가 익숙한 것처럼
마음이 갈 곳은 아직 그대뿐인데 ……

이별 예감 2

눈물이 왈칵 솟았습니다
터져 나올 것만 같아 혼났습니다
꾸역꾸역 아픔을 가슴에 밀어 넣자니 슬펐습니다
왜 울어야 하는지, 그냥 눈물이 흐릅니다
볼을 타고 내릴 때는
농익은 그리움이라 싸늘합니다
달콤하고 아름다웠던 순간들이 떠오를 때는
삶의 투쟁처럼 목이 메입니다
멀어져가는 새 한 마리라도 보일 때는
가뭄 들고 눈마저 뻐근합니다
간혹 눈물이 목에 걸릴 때
마지막 본 그대를 꿀꺽 삼키는 것은
아직도 내 사람이라 여기기 때문입니다
오늘 아침 눈물이 왈칵 솟았습니다
애써 삼키긴 했지요마는
그대를 꼭 닮은 가을, 저만큼 물러나 있습니다
유난히, 유난히 차갑습니다

석류

어떤 선비 마음에 사랑 있어
보고 싶고
안고 싶고
눈감으면 떠올라 열병이란다.

평생 처음 느낀 사랑이 그리워
바보가 된 그는
밤마다 뜬눈이요,
바람을 쐬어도 뜨거워
산책길이 어지럽단다.

질풍 인다 해도
뜨거운 사랑은 아름다운 것,
불 다 타 재 되어도
처음 느낀 사랑은 영원한 것.
이런 이유로 날마다 쓰러진단다.

산 넘기 힘들어 더딘 걸음이었을까
물 건너기 어려워 돌아왔을까
한 세월 지나 이른 사랑,

기억도 없는 첫사랑으로, 뒤뜰 우물터에
끊임없이 날아오는 선비의 순정

버거워,
늦사랑이 야속하리만치 안타까워 고인
여인의 분홍 눈물, 선비의 사랑 앞에
옷고름 스르르 풀릴 것처럼 고여 있다

다리

다리 끝자락 내려진 곳
가로등 아래 둘 앉을 만한 의자 있고
강바람에 휩쓸리는 은행잎들,
가을이 있었다.

그 가을
은빛 물결 가르며
강 건너 오는 사람 있어
예비해둔 가슴의 의자 데워 놓고
의지하여 따뜻이 어깨 눕혔던,
가슴과 가슴 사이에도
다리 놓였다.

숱하게 함께 넘나든 다리,
무지개 같이, 은하수 같이
안개 자욱한 길로 다가오는 발자국 소리
강바람 낭만과 더불어 기다림을 깨며
만나는 길목은 아름다웠다.

다리 끝자락 그 자리 가을은
은행잎 깔리고 가로등 아래 의자에

오늘이 더 아름다운데
아주 가고 없는,
옛날을 서성이다 문득 혼자인 사랑은
끊어진 다리, 강바람에 한없이 볼 시리다.

노을

태고적 인연의
마음과 눈빛 응결하여 너울거리는
서쪽 하늘 끝

만남의 속내 곱디곱게 어우러진
함께 있어도 그리운 사랑,
그 그리움 폭포처럼 흘러내려
황홀한 물안개 이루는 바다 속으로

외로움 하나
일상日常이 기우는 시간에
눈물 흘릴 듯 쓰러질 듯
긴 코트 어둠에 젖는 줄도 모르고
휘청휘청 빠져드는

거기 천상에 꽃처럼 누울 사랑,
꽃장미 같이 뜨거운 사랑을 위해
하늘로, 하늘로 자꾸 빠져드는

그리움의 숲을 머리 하얗도록 헤쳐 나와

상사병으로 죽어 눕고서야
뜨거운 사랑, 가슴 위에 가만히 풀어놓을 것 같은 ……

독감

몸 피곤하고
보채는 사랑에 마음 곤한데
때 놓치지 않고 욱신욱신 뼈마디 쑤시며
안겨온다

슬픈데 콧물까지
가뜩이나 사랑병 앓는 사람
입술에 물집까지
사랑할 때 귓불에 남긴 자국처럼
징표 버거워 목 타고 기침 난다

아프니까
더욱 가슴 파고드는 사랑,
눈물겹고 더구나
볼 비벼대던 체온, 그리움
별똥 되어 머리맡에 자꾸 떨어지니
두통 밀려와 잠 못 이룬다

창백한 가슴
가쁜 숨 속에서도 사랑은

고열로 꽃 같이 아름답게 피어 있어
털고 일어나면
독감과 함께 자독하게 앓았노라
사랑, 그대와 포도주 한 잔 놓고 마주, 달콤한
소생甦生의 축배를 생각하여 참고 견딘다.

그랬겠지요. 그러나

뜨겁던가요?
마음 가누기 힘들던가요?
그랬겠지요.
눈 감길 정도로 짜릿했겠지요.

그랬겠지요.
한창 고비를 지난 나이에
천생연분이라 여기는 사랑이라면
뿌리 흔들릴 만하지요.

고기떼 몰려오듯
거센 바람 닥치듯
중심 잃을 땐 아찔했겠지요.
비바람에 흔들리는 사시나무처럼
때론 불빛 가로등 휘어잡고 싶겠지요.

걷잡을 수 없다 했지요?
그러나 휘둘리는 건 마음입니다.
질풍은 지나갈 뿐 당신을 헤아릴 줄 모릅니다.

질풍 후
조각난 사랑의 파편을 밟는 아픔
아, 그 허탈은 어찌하렵니까?

꿈 3

내가 합창단원이다
발표회를 앞두고 연습을 하러 강당으로 갔다
나누어준 악보의 음표가
오렌지색 홀스 사탕이다
도, 레, 미, 파 ······
얼마나 재미있는지
그렇게 노래를 잘 해 보긴 처음이다
책상 위에 걸터앉아
무릎에다 박자 쳐가며 연습 중인데
사랑하던 사람이 환한 얼굴로
예고도 없이 나타나 내빈석에 앉았다
눈 살짝 마주치고는 외면이다
무대에 올랐다
사랑하는 사람의 귀를 보며
분홍 드레스를 입고 조명 받는 내 앞에
'사랑의 뒤안길'이란 노래 제목 아래
사탕이 동글동글 춤을 춘다
잘 불렀다
사람들이 꽉 찼다
우레 같은 박수소리, 소리, 소리 ······
쏴ㅡ! 비가 되어 쏟아진다

그 사람이 없어졌다
맨발로 캄캄한 빗줄기 속을 내달았다
'어디, 어디, 어디, 어디 ……'

바다는 사랑의 편지지

짜릿한 고백을 받았을 때
꼭 그때처럼
향긋한 미역냄새 밀려오고
행복하고 소중했던
파리한 사랑 이야기 밀려 나와
꽃으로, 꽃으로 핀다

헤어졌을 땐
그랬지
바닷가 바위의 우직함을 봐도
멀리 떠 있는 배의 쓸쓸함을 봐도
외로움이 다발로 안겨오고
감기는 바람이 너무 차가워
파도를 부둥켜안았지

아름다웠으므로
차마 보고 싶어도 못 만난다는 사연
건너온 세월처럼 남은 세월도
가능하면 무디게 건너자는 사연까지

바다 가득 채워지는
무언의 길고 하얀 편지

바다에 오면
파리한 사랑에 늘 타던 가슴
이젠 눈물 없이
지금의 내 사연도 띄워보낸다
생이 끝날 때까지 이렇게나 받아 볼
그대에게

시간 속으로 3

날 좋아하는 남자가 있었다.
누나 밑에서 자랐다 했다.
누나 같아서 좋다고 했다.
셔터 내려진 밤길을 걸었다.
옛 파고다 공원 담을 따라 걷다가
생각 끝에 내가 먼저 헤어지자 했다.
그는 갑자기 주먹을 불끈 쥐더니
셔터를 냅다 쳤다.
손등에서 피가 흘렀다.
슬프게, 슬프게 울었다.
헤어진 지 꽤 오래된 어느 날
전보가 전해졌다.
안양 교도소에 수감되었다는 전갈이었다.
왜 덤덤하기만 했을까?

시간 속으로 4

한 남자를 사랑했다.
결혼할 것처럼 사랑했다.
그가 군에 갔다.
학군단 반지를 맡기고 갔다.
날마다 반지를 보며 사랑 타령을 했다.
그가 휴가를 나와
내게 맡겼던 반지를 가져갔다.
제대 무렵에는 혼인 신고를 해 달랬다.
처녀인데…….
가슴이 무너지도록 야속했다.
야멸치게 돌아서야 했다.
한동안 불씨처럼 그 사랑 피어났다.
상처가 몹시 쓰라렸다.
그는 왜 서른넷이 되도록 미혼이었을까?

시간 속으로 5

동창인 친구가 있다.
나는 대학을 다니고
그는 고등학교 졸업 후 은행에 취직을 했다.
그러니까 더욱 친구라 생각했다.
어느 날 만나서 걸었다.
코트를 벗어 내게 입혀 주었다.
십 리도 넘는 길을 그렇게 나란히 걸었다.
나를 무척 마음에 두고 있음을 알았다.
눈빛이 유난히 따뜻했기 때문이다.
나는 아무 말도 해 줄 수 없었다.
지금도 친구지만 그의 눈빛에는 내가 있다.
그는 왜 용기가 없었을까?

4부 그곳에서

해가 사다리 길게 뉘어놓은
그 길, 축복의 해무리에 감싸여
잔잔히 구름 피어나는 공중, 산을 오르는
환상에 그만 울음 터뜨리며 세상을 알아
성숙하면 봄눈 되어 산에 안길 팔자
아, 꼭 그런 기분으로 지금 여기서
너를 사모하고 있다

북北 —진進!

하얗게 눈 쌓인 날 왔다가
다시 오니 녹음 푸르렀는데
여전히 "북-진" 소리 우렁차게 들리고
건강한 얼룩무늬 사나이들
탱크처럼 뚜벅뚜벅 걸어 나온다.
한 군인, 바깥세상 그리던 눈 핏발도 삭고
상병의 여유로 군화 밖으로 내보이는 발이건만
가운데 발가락은 발톱이 없고
온 발바닥 물 빠지고 마른 유격훈련의 흔적
뜯겨나간 자리는 이미 새 살 꽉 차 있다.
가끔 솔 그늘엔 송충이 실 물고 떨어지고
드문드문 야생화 애인처럼 웃는데
부대 내 교회, 성당, 절 다녀오는
딱 딱 줄맞춰 들어가는 등 뒤의 반공反共이
한겨울 얼음장처럼 두껍다.
돈 돈 돈, 뇌물, 카드빚, 자살, 살인, 실업 ······
세상은 밤낮없이 요지경 진행 중인데
아들 있는 곳, 경기도 이천 이황리 상승대는
오늘도 펄펄 끓는 작전 중
청년 애국 100% 달성에 하늘도 짙푸르다.

소금
— 곰소 염전을 보며

몰고 다닐 때의 물살들은
크고 작은 힘이 되지만
몰릴 때면 그 물살들 서슬이 되어
모진 곳, 벼랑 끝에 서면 두렵고
발아래 어둠 아찔한데

넓은 바닷속에서 몰고 몰리다
문득 세월 끝에 다다라 홀로
최선이라는 맥마저 놓아야 할 때
외로움을 버티는 고통
목 타는 아픔을 못 보았거든

바닷물, 그 투명이
갇히고 써레질을 거친 최후의 모습을 보라.
꼿꼿한 순백색의 도도함 하늘로 솟고
역사에 남겨진 곧은 선비의 목숨처럼
고귀한 결정結晶들을

바람 잠잠한, 눈부신 벌판에
뽀송뽀송하게 피어나는 하얀 꽃을

쓰다 하지 마라.
짜다고도 하지 마라.
짭짤한 삶은
터조차 찬란한 빛인 것을

3월의 설악산은 나의 신랑
― 미시령을 넘으며

삼신할매가
엄마 뱃속에 있을 때
산에게 시집가기를 점지하셨을까
3월 태생으로, 3월 눈 덮인 산에서
나는 너의 신부

하늘 바로 밑, 큰 키
불뚝불뚝한 근육으로
아직도 눈을 안고 겨울을 놓지 못하는 너는
내 걸음 기다리다 그대로 잠든
속 깊어 안타까운
우직한 내 주인 같구나, 흰 구름은 오르는데

해가 사다리 길게 뉘어놓은
그 길, 축복의 해무리에 감싸여
잔잔히 구름 피어나는 공중, 산을 오르는
환상에 그만 울음 터뜨리며 세상을 알아
성숙하면 봄눈 되어 산에 안길 팔자
아, 꼭 그런 기분으로 지금 여기서
너를 사모하고 있다

가만가만 옆구리 찔러
곤한 잠 깨우고
새신부로 내가 안겨야 할
삼신할매에게나 확인해야 할
하얀 내 마음, 새신랑 만나는 순간
아, 신비의 울먹임을 그칠 수가 없다

꽃 축제, 강변의 밤
— 구리 코스모스 축제를 다녀와서

낮에 보았던
코스모스 숲을 끼고 흐르는 강은
청량한 가을 하늘 내려앉아
결실을 해산한 후 무척이나 허한 듯
연약한 손길로 눈물 닦는 여인이더니

눈썹 그믐달 내려앉고
밤 기운에 잔뜩 배부른 강물은
화려한 폭죽 불길 삼키며
고요를 관통하는 요염妖艶한 몸짓으로
강변의 취한 사람들 발목 묶어대고

밤을 어루만지는
사람, 사람, 사람들
코스모스 숲을 삼킨 어둠 속에서
제 각각 자위自慰의 거친 야성野性으로
축제는 무르익고 강변은 흔들리고

둔치의 가을은
화려한 밤, 강물에

연연戀戀한 코스모스 색으로
끝없이 마음 투신하게 하는
포도주 몇 잔의 취기만큼이나 위대했다.

4월의 금강 하구

철새를 보러 왔으니
부리 맞대고 날개 비비는
유유한 삶, 철새의 사랑을 봐야 하는데
망원경 속에는 물갈퀴 자국들만 자잘하다.

먼 길, 철새를 만나러 왔는데
잔뜩 버려진 담배꽁초
타고 남은 속 툭툭 터져 있고
사랑 보이면 비틀어 껐을
배배 꼬인 질투심도 그대로 널브러져 있다.
사진작가의 소행인 듯
챙겨갔을 사랑에 배가 아파온다.

근육인 채로 갈대숲을 지켰을 바람도
자존심 다 말라
언덕배기 쑥밭으로 처박히더니
강둑 흙먼지에 휘몰려 둑 아래로 곤두박질이다.
초봉이의 사랑 같이 처절하다.

철새도 없는, 울음조차 마른 갈대숲에

노란 야생화 파르르
여린 도리질이 계봉이처럼 착해 보인다.

금강 하구에 선 시인
철새 없는 물결 위에 소설을 쓰고 있다.
4월의 바람으로 쓰는 삶의 애환과 사랑,
줄거리조차 희미한 소설
'탁류'는 여전히 흐르고 있었다.

*초봉, 계봉: 채만식의 소설 「탁류」에 나오는 두 여인.

배꼽에 다시 탯줄 세우고
― 춘천 군자리 겨울 산에서

뿌리마다 파란 이끼꽃 피우고,
겨울 산은
놀랍도록 탱탱하고 보드라운 살결
야생초의 줄기조차 보송보송한 분 냄새로,
하나 뽑으면 심장 소리 튀어나올 듯
세상모르는 겨울 잠 한가운데,
하늘로 뚫린 거룩한 숨소리
탯줄로 이어진 맨살의 심성心性이
잉태의 마지막을 나와 훅― 내뱉은 입 냄새,
잇몸뿐인 아기 입 냄새 흥건하여
밀려드는 어머니의 젖비린내
마른 내 배꼽으로 울 울 울 가득 채워지고,
양수 헤치고 나와 처음으로
한 줌 손바닥에 뜯어 올린 이것,
찬 줄 알았던 이끼꽃이
쓰다듬을수록 보들보들 따뜻함에
코끝 추위는 내 것이 아니어서 내치고,
배꼽에 다시 솟아난 탯줄 세우고
나무 꼬챙이 한 손에 들어
툭툭 어머니 뱃살 건드려 본다.

아, 이것이 내가 세상에 나와
울음 울기 직전의 순간, 짧은 그 순간이 이랬으리라.
까마득히 잊었던, 그러나 소홀함 없이
세상의 짐 홀딱 벗어버린 순수덩어리 맨살로
풋풋한 겨울 산, 풍기는 어머니의 젖비린내 속에서
툭툭 모태母胎 태동은 여전히 익숙한 것을 ……

석모도는

해는
덕지덕지 기미 주근깨 있어도
생긴 대로 좋아한다고
자랑하는 숨소리 싱싱하더니

아니나 다를까
잿빛 속살로
낙조落潮에 낙조落照를 안고 쓰러지는
황홀한 몸짓

수액 질펀하게 준비하고
헐떡일 새도 없이
어둠 속으로 무너진다

날마다 행복하여
영원으로 향하는 사랑
한 이불 속, 한 밤 내내
깨소금처럼 늘 신혼인 섬

그 비결 그리워
찾아온 하얀 속살의 속물들

접하는 황홀의 순간은 역시 죽은 숨소리,
애꿎게도 섬 겨드랑이에서
마른 나뭇가지 화톳불, 술과 더불어
이글이글 타다 제풀에 꺼진다

석모도는
짐승처럼 밤을 즐기는데 ······

채석강
— 변산반도 채석강을 다녀와서

볼 붉은 나리꽃
사랑의 꽃물 또랑또랑 물고
바다와는 무슨 인연일까?
성은聖恩이라도 입은 듯 수습 바쁜 채
한여름 해변, 첫 절경 위에 도도히
소금 향기에 젖은 사랑시 한 편
먼저 발길을 멎게 하고

이태백의 기운일까
절벽마다 촉촉한 전설의 숨결
책 곰팡이 슬어 아름다운 시화 위에
주옥같은 시편들 눈이 시리게 짙은 고풍古風,
층층 책갈피마다 수만 년 해 지는 사연까지
고스란히 바다에 풀어놓는
명작이건만

갯강구 우르르 숨어 야생초 간지럽다 하고
이끼의 파란 눈썰미 살아 빛나고
너럭바위 사이 따개비와 홍합들의 웃음까지
하나 놓치지 않고 해거름에 붙잡아 두는

자연시를 쓰고 있었다.
황홀한 일몰에 감동 다 타서 재가 되는

사랑의 늪
― 제주도 카페의 거리 '빅토리아'에서

배의 불빛
긴 칼로 바다에 박혀
칼날 번득이며 집요하게 달려드는 밤

순백색, 그림 상자 같은 카페에
시간이 고이고, 연인들 모이고
술잔 기울고, 이야기 흐르고
섬이 흔들흔들 늪 속으로 빠지는 밤

지난 밤
수목원에, 캄캄한 길에
사슴 한 쌍처럼 숨기는 했어도
솟는 욕망 쥐어박으며
순결을 고집한 탓에
침 삼키며 가슴만 불나도록 마주한 탓에
못다한, 슬픈 사랑도 함께 흔들리는 늪

일렁거릴수록
번득이는 불빛, 그 칼끝 박히는 자리
아주 편안해 보이는 의자에는 고통으로 창백한
사랑의 멀미 참지 못하는,

어제 만난 사람 어깨가 몹시 그리운
그 가슴에 푹 묻히면 한이 없을
울컥 고인 눈물 토해내는 여인 있었다

한재 앞 바다는 오늘도 운다

한재 앞 바다는 늘 운다
평민 상민 처형당할 때 이 고개를 넘었다는데
시린 한恨 망망대해에 던질 때마다
질긴 목숨 목구멍에 걸려 울 울 울
토해 놓은 울음 깊어 울렁울렁, 검푸르다
울음 끝자락 흰 거품 여전히 밀려와
저-기 멀리 덕산 바다까지
한없이 파삭파삭 부서지고
바다로 곤두박질할 듯 아찔한
고갯마루 바위 끝 매달린 한恨은
짠 바람에 절며 아직도 절규 중이다
절경이 된 한의 운치,
미끼 던져 시를 기다리던 시인 앞에
끝없이 걸려들어 파닥거리는 한恨,
떨어지는 비늘 조각으로 온 바다가 눈물빛이다
필시 혼 달랜 흔적일 터
저 울음 속으로 누가 투신했을까
계미년 설 이튿날 주과포혜 놓여 있다
울
울

울
한재 앞 바다는 오늘도 운다

*한재: 강원도 삼척시에서 맹방으로 가는 고개 이름

선유도

고운 살결
몇 년을 산 젖가슴이면
내밀어 도도할 수 있을까

사나이들
까무잡잡한 가슴, 젖내음 언저리에서
소주 한 잔 들이키지 않고는
그냥 갈 수 없다고들

영원한 젊음으로 차 오르는 바다
수만 년 절벽에 새겨진 빗살무늬 사랑에
섬 타고 둥둥
비틀거린다.

저기, 절벽 야생화
눈빛
사랑
그리고 추억처럼 아름답다.

일송정에서

일송에 귀신 있다고
후추 가루와 쇠못 박아 죽이면
산이 운다는 것을 몰랐으리라.

그 자리
초롱초롱 애송 살고
윤동주 심연수 노래,
애국 시집 여전히 가슴에 품는 것을

거 봐!
해란강 언덕
영원한 물줄기 바라보며
후손들 다시 와 '선구자'를 노래하고
시비의 글 세상을 향해 목청껏 외쳐

호연지기浩然之氣
해란강에 살아 흐르는 곳,
꿀차로 목축이고
물귀신 같은 너를 저주하기 위하여
여기까지 왔음이야.

백두산 천지

비가 줄줄 오는 길을 굽이굽이
우비를 쓰고 갔건만 30분 사이에 네다섯 번
평생 그리던 연인을 만나면 이렇게 할 수밖에 없는가
선뜻 나서지도 못하고 안개 끌어 얼굴 감추는 푸른 남자여

신기한 꽃이란 꽃은 다 불러다 피운 꽃길로
첫선 보러 가는 길이면 이리 마음 설렐까
우비 속 여인의 마음은
세상에서 가장 잘 생긴 신랑을 맞으면
평생 몸 바칠 양으로 가는 길에,
소문처럼 그렇게 잘 생긴 남자면
연이 닿지 않아도 수절하리라 마음먹은 길에,
중신아비의 말에 의하면
질투 많은 장백산이 투덜투덜
비 뿌리기를 밥 먹듯이 한다는 얘기는
참말 듣고 싶지 않아 가슴 조이던, 신부는
그 남자를 보는 순간 넋을 잃었다

맺은 연이 중했던지
그 남자는 돌아서는 내 앞을 장대비로 가로막을 줄 알더이다

그 비 섞어 혼인날 신부신랑 술잔 주고받듯
훌쩍 훌쩍 마시는 커피는 무척 달더이다, 사랑처럼
기약 없는 이별의 길엔 여전히 꽃들이 웃고, 그 길에
잊지 말라는 당부처럼 안개 자욱이 깔고,
때가 되면 또 만난다는 약속으로 그 자리 우직하게 서서
고이 등 밀어 보낼 때 아쉬운 신부 걸음 , 내려오는 길에
푸르고 푸른 사나이는
다 내려오도록 눈앞에 삼삼하니
평생 잊지 못할 내 남자로 가슴에 박히더이다

압록강에서

중국 땅 집안시
처음 밟은 땅, 여기가 고구려였노라
발등섬 편안히 누워 있는데
흐르는 물도 자랑처럼 흐르는데
내 가슴에 꽉 차는 응어리
답답하다

광개토왕의 호기 하늘에 푸르고
장수왕의 기개 땅에 탄탄하여
든든한 국내성이, 우직한 환도산성이
호탕한 사나이의 가슴으로
튼실한 땅 하나 새로 낳을 것처럼
압록강 물 고운 살결 끊임없이 애무하고 있건만
나는, 가슴 버겁다

창검이 번쩍번쩍, 화살이 번득번득
광개토왕비 위로 지는 해에
서슬 푸른 장엄함이여, 그러나 후손이
찬양하기에는 영 어설픈 남의 땅
처음 밟고 고향 같다 여겼던 마음 후드득 털려
강 건너 북한 땅의 울음 보이고

잘 살아서 여기 온 사람들의 유람선에
손 흔들어 화답하는 북한 아이의 희망
그 꼬리 길고 길어
흐르는 강줄기 휘돌아 오싹 조이는 슬픈 현실,
기념으로 주워 넣은 압록강 작은 돌멩이가
무거워, 무거워 주머니가 한 짐이다

시린 가슴
— 두만강에서

이른 새벽
시원해야 할 여름이라지만
겨울에도 유리 없는 창으로 산다는 북한 땅
집집마다 시름시름 앓던 시름들
각혈하기 직전처럼 푸른 얼굴로
헐떡대며 다가온다.

고요를 깨면
도망자는 들키는 법이라
신음 없이, 소리 없이 일상을 둘러메고
물길도 헤치지 않고
앙상한 뼈로 건너오고 있다.

그토록 그리웠던 북한 땅인데
한 줌의 풀죽으로 연명하던 시름들만
떼거리로 달려오고, 개미 한 마리 안 보이는 곳에서
도망자가 많아 도망강이라 불린다니
할 말 모두 입 속에서 증발되고 만다.

피눈물 같은 빨간 글씨 '두만강'이

물줄기 유유한 강, 튼튼한 다리를 지키고 섰어도
첫 만남, 이슬에 축축한 두만강은
빨강과 파랑 경계조차 비틀거린다.

건너온 시름들을 앞세우고
중국 땅을 되돌아 한국까지 가는 길에는
'숨은 탈북자를 다 나오시오' 외칠 일인데
갑자기 실어증 환자가 된 사람들
여름 바람이 너무 차가워 가슴 시린 아침이다.

장백 폭포

안개 속으로, 속으로 숨는
그래서는 다시 살며시 나오는,
네가 아주 연약한 여자인 것을 오늘에야 알았어

천 갈래 만 갈래 가슴 찢긴 신부 같이
사랑 풀어내는 한의 줄기는
길고 길어 하얗게 빛이 바랠 지경이건만
숨소리 거칠고 불덩이 같은 네 몸은
데일 것 같아 가까이, 가까이
조심스럽기만 하다

어떤 노인은
너의 그 긴 다리 여태 사모하여
죽기 전에라도 한번 탐하고자
두 다리 힘만 의지하고 코앞까지 왔건만
네가 아직 처녀임에 차마 더듬지도 못하고
탄식 소리 더불어 눈마저 머는구나

신이
불귀의 환생을 위해 움푹
깊은 물, 천지에 내린 저주의 끄나풀처럼

아무도 손대지 못하는 너는 요염한 성녀

한도 세월의 무게가 실리면 성스러운 것

장백산이
뭇사람들 찾아와도 멀리
애써 안개로 너를 가리는 이유와
삼백예순 날 이곳에 눈물이 많은 것은
너의 한, 그 도도하고 우아함이
익어 푸른 몸매, 성스러운 자태로 유구하게
밤낮을 산허리 휘어잡고 하얗게 흘러내려도
처녀의 성 허물지 못하는 처절함,
성스럽고 아름다운 그 울음 때문이어라

카페에서 2

  1
강이 흐르고
노을이 물들고
장식의 고풍에 마음 녹고
분위기 타는 연인들 눈빛 속으로 빠지는 사랑
이곳 저곳 눈이 시린데, 카페 밖 물줄기는
숱하게 던져 놓은 사연들 지고 버거워
낮게 흐르고, 오늘의 마지막 객실에는
여인들의 우울 몇 다발도 실렸다.

  2
촛불이 타고
음악이 흐르고
그늘마다 어둠 속속 기어들고
야생초들 오늘을 마감하는 눈초리 바쁜데
들춘 시집 속 글귀, 몇 년 후에 만난 첫사랑 얘기는
"엄마"를 부르는 아이의 소리로 마감이다.
첫사랑 자리를 닮은 곳, 구석진
죽치고 앉았다 일어선 자리는
컵 받친 휴지 눈물 가득 물고 주저앉았다.
역시 첫사랑의 이름이 엄마인지 오래일 것 같은

3
커피 향기 흐르고
불빛 잔에 고이고
어깨 푹 눌러 놓고 바람 쐬는 마음
궁전 같은 낭만의 집을 짓는다.
비밀도 놀 수 있는 아주, 아주 편안한

● 해설

현실을 넘어 모태의 세계를 꿈꾸며

박 명 용
(시인·대전대 교수)

1. 모태의 세계 엿보기

이복자 시인의 네 번째 시집 『배꼽에 다시 탯줄 세우고』의 근간을 이루고 있는 것은 '사랑'이다. 시인이 기왕의 시집에서 줄곧 표방해 온 이 '사랑'은 '지천명(知天命)'의 나이가 되면서 다른 차원으로 나아간다. 즉 "현실을 버티는 힘"으로서의 사랑에서 '현실을 너머 모태의 세계를 바라보는 힘'으로서의 사랑으로 확장된 것이다. 이전의 삶이 현실을 바탕으로 한, 그 현실 속에서 자아와 이웃에 대한 사랑을 꿈꾸어 왔다면, 이후의 삶은 현실과 현실 너머의 모태의 세계를 바탕으로 한 모든 것에 사랑을 꿈꾸고 있는 것이라 할 수 있다.

그러면 이복자 시인의 '사랑'을 보자

　　뿌리마다 파란 이끼꽃 피우고,

겨울 산은
놀랍도록 탱탱하고 보드라운 살결
야생초의 줄기조차 보송보송한 분 냄새로,
하나 뽑으면 심장 소리 튀어나올 듯
세상모르는 겨울 잠 한가운데,
하늘로 뚫린 거룩한 숨소리
탯줄로 이어진 맨살의 심성(心性)이
잉태의 마지막을 나와 혹-내뱉은 입 냄새,
잇몸뿐인 아기 입 냄새 흥건하여
밀려드는 어머니의 젖비린내
마른 내 배꼽으로 울 울 울 가득 채워지고,
양수 헤치고 나와 처음으로
한 줌 손바닥에 뜯어 올린 이것,
찬 줄 알았던 이끼꽃이
쓰다듬을수록 보들보들 따뜻함에
코끝 추위는 내 것이 아니어서 내치고,
배꼽에 다시 솟아난 탯줄 세우고
나무 꼬챙이 한 손에 들어
툭툭 어머니 뱃살 건드려 본다.
아, 이것이 내가 세상에 나와
울음 울기 직전의 순간, 짧은 그 순간이 이랬으리라.
까마득히 잊었던, 그러나 소홀함 없이
세상의 짐 홀딱 벗어버린 순수덩어리 맨살로
풋풋한 겨울 산, 풍기는 어머니의 젖비린내 속에서
툭툭 모태(母胎) 태동은 여전히 익숙한 것을……
　　　　　─「배꼽에 다시 탯줄 세우고」 전문

　이번 시집의 제목이기도 한 「배꼽에 다시 탯줄 세우고」는 '겨울 산'을 통해 모태의 세계를 잘 보여주고 있는 작품이다. 시적 화자는 '세상 모르는 겨울 잠'을 자는 '겨울 산'에 있는 이끼꽃을 통해 '탯줄로 이어진 맨살'의 '거룩한 숨소리'를 감지하게 된다. 이 숨소리는 추운 겨울이기 때문에 모든 것들이 휴면하고 있을 것이라는 시적 화자의 상식을 깨뜨린다. '이끼꽃'이 겨울 산의 '배꼽'에 생명력을 불어넣어 생을 잇게 해주는 '탯줄'이 된 것이다. 그리고 시적 화자는 이끼뿐만 아니라 나목(裸木), 그리고 생명이 있는 모든 것들의 새 생명의 잉태과정을 통해 겨울 산이 결코 죽어있는 것이 아니라 살아있음을 보여주고 있다. 여기에서 우리는 정적인 줄만 알았던 '겨울 산'의 역동성, 새 생명을 준비하는 봄의 역동성을 느낄 수 있다. 이를 통해 화자는 지금까지 끊임없이 부대끼면서 살아온 인생의 단면을 엿보게 되고, 인생의 시작을 발견하게 된다. 화자가 세상에 나온 시점(始點) 이전인 '내가 세상에 나와 울음 울기 직전의 순간', 즉 그 짧은 순간을 본 것이다. 이는 '순수덩어리'와도 같은 '모태'의 세계'라 할 수 있는데, 이를 통해 화자는 그 동안의 삶을 너무 안일하게 살아온 것은 아니었는지, 그리고 모태과정을 통해, 인생의 시작점에서 부여받은 '초심(初心)'과 이반되는 삶은 아니었는지 성찰하는 계기를 부여받는다. 이러한 인생의 성찰 과정을 통해 그는 '초심'을 되찾고자 하는 의지를 표명한다. 그것은 곧 '어머니'를 통해 더욱 확연하게 드러난다.

> 가르마 타고 쪽 찌는
> 온몸 따라 올라 가는 팔이건만
> 비녀 머리가 좋다는 아들 말에
> 편하게 머리 자르라는 딸 말은 귀 닫고
> 참빗 사오기를 고집하는
> 비녀 어머니

명절 꼭두새벽 비녀 꽂고
며느리 부침개 서둘러 하라 하고,
전화 잘 들으시라고 귀지 파고
손톱 잘라 드린 막내딸 마음에 찬물처럼
빨리 안 가고 친정에서 꾸물거린다고 여전히 나무라시며
검불 같은 몸으로 사랑 토해내는
21세기 조선의 어머니

날마다 목욕시켜
머리 곱게 빗어 드리고
좋아하는 하얀 스웨터와 회색 치마
곱게 입혀 드렸으면 좋겠는데
명절에도 딸이라고 내치시는 어머니를
보내고 나면 어찌할까 미리 울어

고이 가슴에 담아보는
여든여덟 우리 어머니

― 「어머니 3」 전문

사람은 누구나 모태를 가지고 있다. 그 모태는 앞서 말했지만 '순수' 그 자체이다. 그래서 '어머니'는 "참빗 사오기를 고집하는 / 비녀 어머니"이고 "친정에서 꾸물거린다고 여전히 나무라시"는 "21세기 조선의 어머니"가 아닌가. 여기에서 우리는 화자의 초심이 나이가 들어감에 따라 변화된 존재임을 확인하게 되고 결국은 '어머니'를 통하여 '순수'를 "고히 가슴에 담아보는" 아름다움을 발견하게 된다.

2. 초심과 현실 사이

그러나 '초심'을 되찾는 작업은 그리 쉽지 않다. 우리가 살아가면서 한 순간도 자유로울 수 없는 현실 세계가 자리하고 있기 때문이다. 즉, '초심'은 모태의 세계를 꿈꾸고 그 세계를 동경하는 과정을 통해 찾아질 것인데, 현실에서는 그러한 삶 자체가 힘겨움과 고단함을 수반하기 때문이다. 그래서 많은 사람들이 현실의 세계에서 모태의 세계를 꿈꾸지만, 육체적으로 정신적으로 더 익숙해진 현실의 세계로 귀소본능처럼 되돌아오는 경우가 허다하다. 시인도 예외는 아니다. 그러나 이미 현실을 버티는 힘이 사랑이라는 것을 실감한 시인에게는 모태의 세계로의 회귀 욕망이 결코 관념적으로 다가오지 않는다. 이는 현실의 토대 위에서 자신의 직·간접 경험을 바탕으로 하고 있기 때문이다.

> 소처럼 착하고 부지런히 살면 된다던
> 참된 진리 믿고 도시에 와 살다가
> 그러던, 그렇게 꿈꾸던 하얀 이밥 세상을 향한
> 그 인내는 배곯기 딱이라는 것을
> 순하고 착하기만 해서는 거지되기 딱이라는 것을
> 깨달을 즈음, 내가 남의 밥이 되는 것도 깨달았다.
> (……)
> 배고픔 잘 참는 착한 어린이라고 기쁨 주던
> 일 년에 송아지 한 마리씩 쑥쑥 낳아주던
> 순한 눈, 소가 그저 그립다.
> ― 「꿈꾸던 하얀 이밥 세상」에서

이 시에서 볼 수 있는 것처럼, 화자는 '소'처럼 착하고 근면하게 살면 된다는 '참된 진리'와 '배곯기 딱'이라는 현실 논리가 서로 배치되는 경험을 한다. 심지어는 '남의 밥' 신세가 되는 것도 깨닫는다. 그러면서도 마지막 행에서 시적 화자가 왜 "순한 눈, 소가 그저 그립다"라고 한 것일까? 이는 두 가지로 추측해 볼 수 있다. 하나는 각박한 현실세계가 착하고 순한 소와 함께 살던 유년시절과 배치되는 때문에 그 유년시절의 공간으로 돌아가고 싶은 욕망을 드러낸 점이고, 또 하나는 아무리 각박한 현실일지라도 '소'처럼 착하고 부지런히 살면 된다는 참된 진리가 여전히 통한다는 인식에서 유년시절의 '소'를 그리워하고 있다는 점이다. 그러나 필자가 보기에는 두 가지 모두 해당된다. 그것은 화자의 인식 전환으로 볼 수 있기 때문이다. 즉, 처음에는 각박한 현실과 순한 소 같은 삶이 배치되는 것으로 인식했다가 순한 소와 같은 삶이 진실이었다는 점을 깨닫게 되었다는 점에서 말이다.

  그래서 자신의 삶을 '소'처럼 충실히 산, 그리고 살다 간 작고 하찮은 것에 대해 관심을 표명한다. "이름 잃은 머슴같이 / 여름이고 겨울이고 // 세상풍파 눈귀 막고 / 흔들려도 곧게 서서 // 겸손을 / 발 아래 디딘 / 나이값이 사뭇 높다."(「고목」)라고 하여 '고목(古木)'의 꿋꿋함과 겸손함을 칭송하는가 하면, "저기, 방문턱쯤 풀꽃 / 수수하게 그냥 웃는 것도 / 날마다 물소리로 마음 헹군 탓일게야"(「집터」)라고 하여 황량하고 쓸쓸하기 그지없는 '빈집'을 '사람냄새' 나는 곳으로 둔갑시키기도 하고, "역사에 남겨진 곧은 선비의 목숨처럼 / 고귀한 결정(結晶)들"(「소금」)이라고 하여 음식의 간을 맞추는 하찮은 것이라 할 수 있는 '소금'의 존재 가치를 부여하기도 한다. 이는 모두 자신이 유년시절에 경험한 작고 소중한 경험들이 자신의 존재를 규정짓는 잠재태로 작용하였음을 보여주는 것이고, 그 경험들이 현재적 의미로 되살려져 앞으로의 자신의 삶을 낮은 곳으로 나아가겠다는 의지를 보여주는 것이라 하겠다.

> 내 늪에는
> 야트막한 언덕 어디, 빛 가운데로
> 영혼의 짐 부릴 한줄기 길 트이면
> 마음 문 활짝, 한 걸음 내달아 아롱진 빛을
> 가슴으로 끌어안고 무릎 꿇어
> 기쁨으로 무너지고 싶은데
>
> 흥건히 삶 고인 가슴
> 바람 불고 물결 일 때면
> 내 연륜(年輪)의 뿌리 물 흐를까
> 문지방 낮추고 낮은 곳으로
> 욕심 다 버리리라, 골백번 맹세하고도
> 날마다 부족하여 하늘은 멀고
> 캄캄한 곳, 닫혀 있는 자리
> 기도, 늘 그 뒤편이다
>
> ― 「마음의 문」에서

위 시에서도 낮은 삶을 추구하고자 하는 정신을 엿 볼 수 있다. "문지방 낮추고 낮은 곳으로 / 욕심 다 버리리라" 하는 삶의 정신과 '날마다 부족'한 현실적 자아와의 충돌을 볼 수 있는데 이것은 우연이 아니라 삶에서 터득된 화자의 가벼워지고자 하는 숭고한 정신이 우선한 결과라고 해야 할 것이다.

3. 현실세계와 모태세계의 경계 허물기

'지금-이곳'의 삶에 충실하면서 자신을 낮추는 일은 참으로 어려운 일이다. 현실세계와 격리된 외딴 곳이라면 가능하겠지만, 그렇지 않은 대부분의 사람들은 '모태의 세계'와 거리가 있는 현실 세계에서의 부와 명예, 권력에 대한 끊임없는 유혹을 받기 때문이다. 이러한 욕망에서 결코 자유로울 수 없는 것은 시인도 마찬가지일 것이다. 이러한 모습은 그가 현실세계와 모태세계의 경계에서 서 있는 장면에서, 그리고 그 경계를 넘나드는 장면에서 자주 목도할 수 있다.

> 보잘 것 없는 마음 하나 다스리지 못해 / 아침마다 옷 고민에서 벗어나지 못한다.
> ―「옷」에서

> 나는 속이 좁다 / 나이 오십이 됐어도 / 자존심 건드리면 기분 나쁘다/ 슬쩍 넘길 법도 한데 마음이 아프다.
> ―「오늘도 나를 비우지 못했다」에서

> 문지방 낮추고 낮은 곳으로 / 욕심 다 버리리라, 골백번 맹세하고도 / 날마다 부족하여 하늘은 멀고 / 캄캄한 곳, 닫혀 있는 자리 / 기도, 늘 그 뒤편이다
> ―「마음 문」에서

인용된 시의 풍경, 즉 출근할 때 옷 고르는 장면이나 자존심을 건드렸을 때 기분 상하는 장면은 우리 주변에서 흔히 볼 수 있다. 그럼에도 이 시가 가볍거나 천박하게 느껴지지 않는 것은 그러한 일상적 소재를 자아성찰 내지는 자신을 낮

추는 일로 형상화시키고 있기 때문이라 할 수 있다. 시인은 자신의 직·간접적인 경험세계를 바탕으로 자신을 뒤돌아보고, 현실세계의 모순과 문제점들을 제시하면서도 자신을 낮추는 겸손함을 결코 잃지 않는다. 이러한 작업은 시인의 여성 특유의 섬세한 감각과 따뜻한 심성으로 모성의 세계를 기억해 내고, 그 세계를 현재적 의미로 재구성함으로써 가능한데, 여기에 그의 시의 미덕이 있다고 하겠다.

시인은, '인생은 미완성'이라는 점도 강조한다. "부끄러운 삶 아니어서 / 마음 꽃 아름다운 사람이라 / 한 번이라도 칭찬받을 수 있을지 두려워 / 미완성이면서도 행복에 겨운 / 내 집 문 앞에서 서성거린 날이다."(「인생은 공사 중」)라고 한 데서 엿볼 수 있다. 인생은 완성된 것이 아니라 완성을 추구해 나가는 것이라는 사실, 어쩌면 완성 자체가 요원한 것일지도 모른다는 사실, 그렇기에 인생은 살 만한 것인지도 모른다는 사실을 함축하고 있다고 할 수 있다. 여기에서도 시인은 자신을 낮추는 겸손함을 잃지 않는다. 그리고 "감추는 것보다 내보이는 것이 / 드나드는 사람들 마음 편하거든 / 문지방 낮추고"(「내 안의 집은 - 마음의 벽」)라고 한 데는 자신의 겸손함이 곧 남에 대한 배려로 이어질 수 있다는 점을 보여주고 있다. 자신을 성찰하던 데서 남을 위한 배려로 확장되어 가는 모습을 볼 수 있는 바, 이 또한 사랑이 확장되어 가는 것이라 하겠다.

이러한 과정을 통해 시인은 새롭게 거듭나고자 한다. 그래서 그가 궁극적으로 지향하는 인간형은 "겉과 속 두부같은 사람"(「파스텔 톤의 만남」), "다 비운, 본심으로만 채워진 / 따뜻한 사람"(「입동(立冬)」)이다. 시인은 이러한 인간형을 꿈꾸며 지천명의 나이에 걸맞는 '인생의 나이테'를 지니고 싶은 욕망을 함께 표출한다. 앞에서 인용했듯이 "겸손을 / 발아래 디딘 / 나이 값이 사뭇 높"(「고목」)은 '고목'처럼 "흔들려도 곧게 서서" 언제나 푸른 자태를 간직하고 싶은 욕망을 말이다.

 결국 시인은 이번 시집에서 현실의 세계를 넘어 모태의 세계를 꿈꾸었고, 그 꿈을 다시 현실의 세계에 환원하여 기존의 사랑방식에서 한 차원 나아가는 모습을 보여주었다고 할 수 있겠다. 이후 시집에서는 어떠한 사랑방식을 보여줄지 자못 기대된다.

●이복자 약력

국제펜클럽 한국본부 회원, 강남시문학회 회원, 글핀샘 동인, 시마을문학회 회원, 한국문인협회 회원, 한국아동문학연구소 운영위원, 한국아동문학회 회원, 한국동요작사작곡가협회 회원, 한국동요음악연구회 회원, 풀꽃아동문학회 부회장, 물방울 동인.
현재 경기도 남양주시 동화중학교 교사

• 수상
제1회 한국글사랑문학상 수상, 제3회 한국교단문학상 수상
제25회 한국아동문학작가상 수상

• 저서
시집 :『별과 나 사이』,『가을 숲에는 배울 이별이 있지만』,
　　　『내 안에 피워둔 불꽃』
동시집 :『떡볶이 친구』,『한눈 팔지 말 걸』,『입장바꿔 생각해 봐』,
　　　　『참 아름다운 동시』

홈페이지: http://poet.or.kr/lbj
이메일: lbj@poet.or.kr

이복자 시집

배꼽에 다시 탯줄 세우고

2004년 4월 5일 인쇄, 2004년 4월 15일 발행

지은이 • 이복자
펴낸이 • 한봉숙
펴낸곳 • 푸른사상사

등록 제2-2876호
서울시 중구 을지로3가 296-10 장양B/D 202호
대표전화 02) 2268-8706(7) 팩시밀리 02) 2268-8708
메일 prun21c@yahoo.co.kr / prun21c@hanmail.net/
홈페이지 //www.prun21c.com
ISBN 89-5640-192-6-03810

ⓒ 2004 이복자

값 10,000원

*저자와의 합의에 의해 인지 생략함